»Mega dumm gelaufen« im Unterricht

INHALTSANGABE

u.1

Im Mittelpunkt der Erzählung stehen die beiden Jungen Kalle und Alex, die sich am Anfang einer ungewöhnlichen Freundschaft befinden.

Der große und starke Kalle, der in der Schule das Sagen hat, hat den heiligen Schulpokal der Schulmannschaft ausgeliehen und aus Versehen geschrottet. Er steckt nun in Schwierigkeiten und muss schnellstmöglich einen neuen Pokal als Ersatz finden. Für die Wiederbeschaffung hat er vierundzwanzig Stunden Zeit. Aus diesem Grund hat er den kleinen, dünnen, schlauen Alexander, den Ich-Erzähler, auf den Spielplatz bestellt, um ihn zu überreden oder besser gesagt zu zwingen, ihm bei der Beschaffung eines neuen Pokals zu helfen.

Kalle hat den Pokal einfach aus der Schule mitgenommen, als die Vitrine offenstand. Zu Hause hat er ihn auf die Dachterrasse getragen, gechillt und dann fiel der Pokal dummerweise einfach vom Dach direkt in die Baustelle auf den Teer, wo er dann zu guter Letzt auch noch von einer Straßenwalze überfahren wurde: »Mega dumm gelaufen« also.

Alexander lässt sich notgedrungen auf Kalles Plan ein. Da sie feststellen, dass sie beide nicht genügend Geld haben, um einen neuen Pokal zu kaufen, beschließen sie, ihn nachzubauen. Jedoch sind sie mit dem Ergebnis nicht sehr zufrieden, weshalb Alexander vorschlägt, dafür den 3D-Drucker in der öffentlichen Bücherei zu nutzen. Auf dem Weg zur Bücherei retten sie zwar eine Katze, aber auch der Pokal, den der 3D-Drucker ausspuckt, nachdem er fast den Geist aufgegeben hat, kommt nicht annähernd an das Original heran. Sie überlegen, einen Kiosk zu überfallen oder als Rapper Geld zu verdienen. Auch die Versuche, mit Straßenmusik an Geld zu kommen, als Hundesitter zu arbeiten, Dinoknochen zu verkaufen oder bei einem Marathon mitzulaufen, um das Preisgeld zu gewinnen, scheitern.

Doch als sie einer alten Frau zu Hilfe kommen, ihre Einkäufe nach Hause tragen und ihren Rasen mähen, nimmt die Erzählung eine Wendung. Die ehemalige Gewichtheberin schenkt ihnen nämlich einen ihrer gewonnenen Pokale.

Alexander und Kalle legen den Pokal zurück in die Vitrine. Scheinbar hat niemand so wirklich mitbekommen, dass der Pokal überhaupt verschwunden war.

Am Ende der Erzählung sind die beiden ungleichen Jungen Freunde geworden, die von nun an nicht nur gemeinsam regelmäßig die alte Gewichtheberin besuchen, sondern auch zusammen in die Bibliothek gehen und Tieren in Not helfen.

Bei »Mega dumm gelaufen« handelt es sich um einen Comicroman, der sich auf witzige Art, und teils ein wenig überspitzt, nicht nur leichten Themen widmet, sondern auch ernsthafte und wichtige Dinge wie Freundschaft, Mobbing und Ehrlichkeit thematisiert. Die Erzählung besticht durch ihre Komik und ihre Nähe zum kindlichen Alltag. Die Lektüre ist aufgrund der kurzen Leseetappen und der leicht zu verfolgenden Handlung für Leseanfänger:innen besonders geeignet.

LITERARISCHES PROFIL DES COMICROMANS

Erzählweise

Der Comicroman umfasst 123 Seiten. Alexander als Ich-Erzähler führt die Leser:innen linear in einem zeitlichen Nacheinander durch die kurzen Erlebnisse und Sequenzen der beiden Protagonisten. Die erzählte Zeit ist überschaubar, sie umfasst ca. zwei Tage. Die Handlung entwickelt sich episodisch. Alexander begegnet Kalle auf dem Spielplatz, sie erleben gemeinsam kurze Geschichten bei dem Versuch, den Pokal zu ersetzen. Erzählt wird im Präsens.

Der Autor verzichtet auf verschachtelte sowie komplexe Satzstrukturen. Der Wortschatz ist den Kindern vertraut und die Erzählweise sehr mündlich orientiert.

Der Erzähltext ist multimodal konzipiert. Wie auch bei anderen Comicromanen haben wir es hier mit einem Hybridmedium zu tun, das die Bild- und Formensprache sowie die Perspektiven und Darstellungskonventionen des Comics nutzt, um den Plot in »Romanform« zu erzählen. Die Seiten- und die Schriftgestaltung sind besonders lesefreundlich. Dies zeigt sich z. B. im aufgelockerten Schriftbild, das in der Größe der Lettern und in der Typografie variiert.

Das Bild überlagert den eher kurzgehaltenen Text. Der Text ist in die Zeichnung integriert. Einzelbilder werden in einem Panel oder auf Doppelseiten präsentiert. Panels zeigen sich hier in vielerlei Gestalt: groß und klein, schmal und breit. Sie bestimmen z. B. die Lesegeschwindigkeit und legen fest, ob eine Handlung langsam oder schnell abläuft.

Auf der Textebene finden sich fast ausschließlich Dialoge, die die Gefühle und Gedanken der Protagonisten vermitteln. Die Rolle der Bildelemente ist innerhalb des Buchs durchaus ambivalent: Einerseits sind sie eine Lesehilfe, weil sie wichtige Momente der Handlung visualisieren und Emotionen der Figuren zeigen; andererseits ist ihre Funktion keineswegs nur illustrativ. Vielmehr stellen sie den Leser:innen nicht selten gleichsam Interpretationsaufgaben, für die es notwendig ist, Bild und Text aufeinander zu beziehen und gemeinsam auszuwerten.

Der Text besitzt trotz seiner Kürze und Einfachheit eine Prägnanz und Verdichtung auf die wichtigen und emotional bedeutsamen Aspekte. Der Ich-Erzähler äußert seine Beobachtungen, Gedanken und Gefühle in einfacher Formulierung, die einerseits von Naivität und andererseits von Bewusstheit und Selbstbeobachtung zeugen.

Illustrationen

Die Illustrationen von Horst Hellmeier sind schwarz und weiß gezeichnet. Die Zeichnungen sind auf den Text abgestimmt, äußerst lebendig und detailreich. Das Verhältnis von Text und Bild ist weitgehend komplementär und eher elaborativ. Bild und Text vermitteln auf einigen Seiten nicht die gleichen Informationen, sondern ergänzen sich und füllen wechselseitig Leerstellen. Auf der piktoralen Ebene wird in monoszenischen Bildfolgen erzählt.

Hellmeiers Zeichenstil schafft übertriebene und komische Darstellungen der Figuren. Schon äußerlich sehen die beiden Hauptfiguren Kalle und Alexander sehr unterschiedlich aus. Alex ist schlaksig und dünn, Kalle sehr kräftig gezeichnet. Die Perspektiven variieren stark. Dadurch werden unterschiedliche Stimmungen und Figurenkonstellationen visualisiert.

Comic-typische Merkmale und Techniken wie Onomatopoesien finden sich auf jeder Seite. Auf Sprechblasen wurde zugunsten eines Fließtextes verzichtet. Statt Sprechblasen wurden für die Zuordnung der Dialoge Striche zu den Sprecher:innen gezogen. Auch werden Icons verwendet, um Bewegung und Geschwindigkeit in unserer Vorstellung hervorzurufen.

Die Perspektive hat großen Einfluss auf die Dramatik in einem Comic. Diese Möglichkeit nutzt der Zeichner immer wieder. Wichtiges wird herangezoomt (S. 115). Neben der »Totalen« zeigt Hellmeier auch Szenen von sehr weit weg (extreme Totale) bis zum Detail. Er erhöht so die Spannung innerhalb der Erzählung und schwenkt den Blick der Leser:innen auf die Handlung. So nutzt er die nahe Perspektive, um Gefühle zu zeigen, und die Vogelperspektive, um die Angst Alexanders zu vermitteln (S. 5). Die Leser:innen blicken aus der Vogelperspektive auf einen Alexander, der voller Angst auf einem Basketballfeld steht. Es gibt auch Seiten im Buch, die ohne Text ganzseitig mit einer Szene gestaltet sind (z. B. S. 26/27).

Figuren des Romans

Im Mittelpunkt der Geschichte stehen die beiden Protagonisten Kalle und Alexander, deren Beziehung und Wandlung in der Geschichte eine zentrale Rolle spielen. Der gesamte Plot wird durch die beiden Figuren getragen. Wie in Comics üblich, tauchen auch hier zwei Helden mit ganz und gar gegensätzlichem Charakter auf. Kalle ist ein aufrührerisch-freches Kind und Alexander der liebenswerte Looser. Damit bedient sich der Autor zweier Figuren, mit denen sich Kinder gut identifizieren können. Stärke und Selbstvertrauen gewinnt Alexander durch die Unterstützung seines Mitschülers Kalle. Am Ende der Geschichte wendet sich der vermeintlich fiese Kalle Alexander freundschaftlich zu, und auch während der Erzählung entdecken wir als Leser:innen, dass Kalle gar nicht so hart zu sein scheint, wie er sich zu Beginn zeigt. Er verhält sich als Tierliebhaber und erzählt Alexander, warum er so gemein zu anderen ist, und verrät sogar, dass er früher selbst immer geärgert wurde und sich deshalb auf die andere Seite geschlagen hat.

Des Weiteren spielt die alte Dame, eine ehemalige Gewichtheberin, eine wichtige Rolle, die hier moralisch wirkt. Auch wenn sie zu Beginn etwas skeptisch ist, unterstützt sie die Jungen und schenkt ihnen einen ihrer gewonnenen Pokale. Sie rettet damit die Jungen und zeigt so, dass Arbeitswille, Nettigkeit und Unterstützung wichtige Tugenden sind.

Spannungsbögen des Romans

Die Spannung des Romans speist sich für die Leser:innen vor allem aus zwei Fragen: zum einen, ob es Kalle und Alexander gelingen wird, den Pokal zu ersetzen. Zum anderen wollen die Leser:innen wissen, ob Alexander sich gegen den fiesen und coolen Mitschüler Kalle zur Wehr setzen kann und sich die beiden Jungen später weiter anfreunden. Beide Spannungsbögen werden am Ende kunstvoll zusammengeführt, denn die beiden Jungs bringen nicht nur den Pokal zurück, sondern werden auch noch Freunde!

Stilmittel

Der Autor verwendet viele bildhafte Umschreibungen und Wiederholungen (»Ist einfach mega dumm gelaufen«), die die Möglichkeit geben, das Gemeinte ohne umständliche Erklärungen besser zu verstehen (S. 16: »Stopfe ich dich da oben in den Korb.«) und vor allem auch dessen gefühlsmäßige Bedeutung zu erfassen. Der Wortschatz greift alltagssprachliche Ausdrücke und Anglizismen auf, die den Text auflockern (S. 15: »Wow, das war klug.«).

Themen und Motive

Der Autor schildert auf unterhaltsame Weise, wie sich die beiden ungleichen Protagonisten auf die Suche nach einem neuen Pokal machen. Sie lernen sich dabei zunehmend näher kennen und der fiese Kalle zeigt immer mehr liebevolle und fürsorgliche Seiten. Der zunächst herrschsüchtige und überhebliche Kalle, der immer der Gewinner zu sein scheint, gleicht sich nach und nach dem zurückhaltenden Alexander an. Am Ende haben sich die beiden als Freunde gefunden.

Auf der Suche nach dem Pokal passieren skurrile Dinge, die fast unwirklich bis unmöglich zu sein scheinen. Diese Selbstverständlichkeit des Überzogenen und Unwirklichen macht die Erzählung besonders lustig.

Neben dem Thema **Freundschaft** steht auch das Thema **Mobbing** im Mittelpunkt. Kalle teilt aus, macht sich vor anderen groß und erniedrigt sie verbal. Auch Alexander wird von Kalle erpresst und er zwingt ihn, ihm zu helfen. Würde er ihm nicht helfen, so würde er ihn körperlich angreifen. Mobbing ist eine besondere und vielgestaltige Form von offener und/oder unterschwelliger Gewalt gegen Personen, die meist über einen längeren Zeitraum hinweg ausgeübt wird. Hier hat Kalles Gewaltandrohung das Ziel, dass er sich erhöht und besser fühlt. Da sich aus dieser Opfer-Täter-Konstellation eine Freundschaft entwickelt und Kalle sein Verhalten reflektiert, kann die Geschichte als Beitrag und Anlass dienen, sich über das Muster dieser Konstellationen mit Schüler:innen zu unterhalten.

Die einzelnen Themen und Motive werden geschickt miteinander verknüpft und bieten viele Möglichkeiten für eine anspruchsvolle Arbeit mit der Lektüre im Unterricht.

DEUTUNGSPERSPEKTIVEN

Die Erzählung nimmt direkten Bezug zur Lebenswirklichkeit. »Mega dumm gelaufen« erzählt eine Freundschaftsgeschichte, die mit viel Witz und Situationskomik aufwarten kann.

Die Darstellung der inneren Entwicklung der Hauptfiguren ergibt eine zentrale Deutungsperspektive. Die Leser:innen können beobachten, wie sich die beiden Jungen während der Erzählung immer mehr anfreunden und beide auf ihre Art und Weise Selbstbewusstsein und Zutrauen gewinnen. Alexander wird von anderen geärgert, ist eher ängstlich und klug; Kalle ärgert andere, ist mutig und steht manchmal eher auf der Leitung. Als die beiden gemeinsam auf Pokalbeschaffungsmission gehen, zeigen sie aber auch andere Seiten von sich. Kalle ist, wie bereits beschrieben, plötzlich auch fürsorglich und wird ein wahrer Tierretter, Alexander wird mutiger und sogar draufgängerisch. So traut er sich, Straßenmusik zu machen oder einen großen Hund Gassi zu führen, obwohl er eigentlich Angst vor Hunden hat. Auch Gegensätzlichkeit kann zu Freundschaft führen, vor allem wenn man merkt, dass man von den Gaben des anderen profitieren und seine Talente in eine Freundschaft miteinbringen kann.

Das Buch behandelt auf eine problemsensible Weise das Thema Mobbing. Dabei wird der Täter – in diesem Fall Kalle – beleuchtet und deutlich gemacht, dass er gar nicht so ist, wie er sich präsentiert. Er ist nämlich nicht so stark, überlegen und unbesiegbar, wie er tut. Ganz im Gegenteil, Kalle wünscht sich eigentlich nichts sehnlicher als einen wahren Freund, der zu ihm hält. Alexander wirkt zwar zunächst als typisches Opfer, aber auch er entwickelt sich kurzerhand zum Helden. Er glaubt zwar den Gerüchten und begegnet Kalle zunächst mit Vorsicht, lernt ihn aber rasch von einer ganz anderen Seite kennen.

Der Handlungsstrang der Erzählung ist für die kindlichen Rezipienten leicht nachzuvollziehen. In ihrem täglichen Miteinander treten solche Rollenverteilungen, Ärger und leider auch Mobbing, das mit Frustrations- und Grenzerfahrungen einhergeht, immer wieder auf. Kinder werden im Alltag und in ihrer Sozialisationsgruppe mit Konflikten und Rollenmustern konfrontiert. Auszuhalten, dass andere vielleicht – zumindest nach außen hin – stärker und angesehener sind oder man sogar von ihnen beleidigt und angefeindet wird, kennen sie und müssen lernen, damit umzugehen. Mithilfe des Buchs könnten diese Aspekte im Unterricht und in Gesprächen aufgegriffen werden.

DIDAKTISCHES PROFIL DES COMICROMANS

Dieser Comicroman bietet den Kindern viele Anknüpfungspunkte an ihre Lebenswirklichkeit. Didaktisches Potenzial liegt in der Verknüpfung von vertrauten, assimilativen und eher neuen, akkomodativen Aspekten.* Die vertraute Dimension des Textes, wie etwa die kindgerechte Erzählweise und die Thematik, ermöglicht, dass die Kinder von sich aus einen Zugang zum Buch finden können und dass Anknüpfungsmöglichkeiten für eine eigene Deutung vorhanden sind (Assimilation). Dieser Aspekt bezieht sich auf das lesefördernde Potenzial. Neue, zusätzliche Anforderungen, die das Buch an ein Verstehen der Kinder stellt, betreffen eher den Bereich des literarischen Lernens bzw. die literarische Rezeptionskompetenz.

Als Ganzschrift ist das Buch durch die Textmenge und das Anspruchsniveau, je nach Leistungsniveau einer Klasse, für die Klassenstufen 3 und 4 angemessen. Sicher lässt sich der Roman auch noch in Klasse 5 gut lesen.

Im Überblick lässt sich das didaktische Profil folgendermaßen skizzieren:

* Vgl. Rank, Bernhard (2005): Leseförderung und literarisches Lernen. In: Lernchancen, 8. Jg., Heft 44, S. 4–9.

Dimension des Textes	Das Vertraute: Möglichkeit zur Assimilation (Leseförderung)	Das Neue: Notwendigkeit zur Akkommodation (literarisches Lernen)
Wirklichkeitsbezug	▶ Fantastische Elemente ▶ Textgattung: Comicroman	▶ Irritierende Elemente: übertriebene Situationen, Fiktion
Thematik	▶ Selbst- und Fremdwahrnehmung ▶ Freundschaft ▶ Selbstvertrauen	▶ Konfliktlösungen suchen und finden ▶ Anderssein ▶ Mobbing ▶ Freundschaft
Figuren	▶ Identifikation mit der Hauptfigur ▶ Sympathie und Antipathie mit den Figuren	▶ Ignorantes und übertriebenes Verhalten der Figuren
Sprache/Stil	▶ Einfacher Satzbau ▶ Dialoge ▶ Wiederholungen	▶ Metaphern ▶ Comicstil
Bildebene/Layout	▶ Einfachheit der Bilder ▶ Klarheit und farbliche Gestaltung der Figuren	▶ Überzeichnung ▶ Details der Bilder
Literarische Formelemente/Erzählkonzept	▶ Ich-Erzähler ▶ Lineares Erzählen ▶ Positiver Schluss	▶ Comicelemente ▶ Spannungsbogen

METHODENKISTE

Der Einsatz von Comicromanen im Grundschulunterricht knüpft im günstigsten Fall an die Vorerfahrungen der Kinder mit Geschichten und Büchern im Kindergarten und in der Familie an und führt diese differenziert weiter. Im Folgenden sind Vorschläge für mögliche Arbeitsweisen mit »Mega dumm gelaufen« im Deutschunterricht aufgeführt.

Im Vordergrund steht dabei die Verknüpfung mit anzustrebenden Kompetenzen, wie sie in den von der Kultusministerkonferenz (KMK) verabschiedeten »Bildungsstandards für das Fach Deutsch für den Primarbereich« dargestellt sind, die die verbindliche Grundlage für alle in den Ländern zu entwickelnden Lehr- und Bildungspläne in der Grundschule darstellen.

In der rechten Spalte geben wir jeweils mögliche Beispiele für eine konkrete Umsetzung im Unterricht. Hier finden sich auch Verweise zu den Kopiervorlagen und Infoblättern in diesem Heft. Zahlreiche methodische Möglichkeiten sprechen mehrere Bildungsstandards an. Wir haben uns zum Zwecke der Übersichtlichkeit jeweils für einen Bildungsstandard des Bereiches 3.3 (»Lesen – mit Texten und Medien umgehen«) entschieden. Häufig lassen sich auch sinnvolle Bezüge zu den Bildungsstandards der anderen Bereiche herstellen.

Bildungsstandards	Methoden	Beispiele
→ Über Lesefähigkeiten verfügen		
• Lebendige Vorstellungen beim Lesen und Hören literarischer Texte entwickeln	• Das Buch sinngestaltend vorlesen	• Den Text vorlesen und nur die Bilder zeigen
• Texte sinnverstehend und flüssig lesen	• Im Anschluss an das Lesen den Inhalt mit eigenen Worten nacherzählen	• Im Gesprächskreis das Buch anhand von Bildern mündlich nacherzählen lassen
	• Texte leise für sich lesen	• Abschnitte alleine oder im Lesetandem erlesen
• Selbstgewählte Texte zum Vorlesen vorbereiten und sinngestaltend vorlesen	• Textabschnitte/Textstellen vorlesen	• Die Lieblingsstelle • Die Stelle, die man nicht verstanden hat • Die Stelle, die man am wenigsten gut findet
→ Über Leseerfahrungen verfügen		
• Kinderliteratur kennen: Werke, Autoren und Autorinnen, Figuren, Handlungen	• Fachbegriffe einführen und anwenden, z. B. Titel, Autor, Illustrator, Verlag, Cover, Zeile, Seite, Text	• Fachbegriffe anhand des Buches besprechen und anwenden → **k.2**
	• Vergleichendes Lesen	• Andere Comicromane, z. B. »Gregs Tagebuch« etc., Kennzeichen und Unterschiede erarbeiten
	• Biografie von Rüdiger Bertram kennenlernen	• Im Internet über den Autor recherchieren, Interview lesen → **i.1, k.3**
	• Einen Sach-, Informationstext schreiben	• Sachtext über Mobbing lesen und schreiben
→ Texte erschließen		
• Verfahren zur ersten Orientierung über einen Text nutzen	• Titel, Titelbild und Umschlagstext untersuchen • Textantizipationen äußern	• Titelbild ansehen und Vermutungen zum Titel äußern → **k.2** • Zum Titel und Titelbild eigene Geschichten schreiben (anschließend mit tatsächlichem Handlungsverlauf vergleichen) → **k.2**
	• Den Kinderroman lesen	• Erste Leseeindrücke sammeln, literarisches Unterrichtsgespräch anschließen
	• Bilder des Buches herausgreifen und beschreiben	• Titelbild, weitere Seiten → **k.2, k.3**
	• Erzählerrede und Figurenrede identifizieren	• Mit verschiedenen Farben markieren
• Gezielt einzelne Informationen suchen	• Fragen zum Text beantworten	• Quiz lösen, Suchsel → **k.2**
	• Den Textinhalt rekonstruieren	• Einen Lückentext ergänzen → **k.4** • Bildkarten ordnen
	• Figuren herausarbeiten	• Charakterzüge, Eigenschaften und Merkmale der einzelnen Figuren beschreiben → **k.6, k.8**
	• Gedanken und Gefühle der Hauptfiguren herausarbeiten	• Mimik und Gestik der Figuren untersuchen • Gefühle der Figuren untersuchen
• Texte genau lesen	• Veränderten Text vorgeben und mit dem Original vergleichen	• Textstellen überprüfen
	• Unbekannte Wörter suchen, finden und erläutern	• Bedeutung der Wörter klären, z. B. mithilfe des Internets oder eines Wörterbuches.
	• Textabschnitte mündlich zusammenfassen und wiedergeben	• Bei relevanten Stellen der Lektüre, um Verständnis zu sichern
• Texte mit eigenen Worten wiedergeben	• Den Inhalt des Buches mit eigenen Worten wiedergeben	• Nacherzählen nach Bildern, Moderationskarten, Stichwörtern oder Sätzen
	• Das Buch in Abschnitte gliedern	• Mögliche Gliederung: Teil 1: Kalle erzählt vom Diebstahl, Teil 2: Ideen und Szenen zur Geldbeschaffung, Teil 3: die Gewichtheberin, Teil 4: der Pokal wird zurückgebracht
	• Überschriften zu den Abschnitten finden	• Mögliche Überschriften sammeln
• Aussagen mit Textstellen belegen	• Aussagen zu einer Fragestellung suchen und Fundstellen angeben	• Ein:e Schüler:in beschreibt eine Figur oder eine Szene und die anderen müssen sie finden und erraten → **k.12**

Bildungsstandards	Methoden	Beispiele
• Eigene Gedanken zu Texten entwickeln	• Den Text ohne Bilder vorlesen/dem Text ohne Bilder begegnen	• Die Geschichte ohne Bilder vorlesen
	• Leerstellen des Textes ausfüllen	• Wie geht die Geschichte weiter? • Was denken die anderen Figuren über Kalle oder über Alexander? • Wie reagiert der Rektor nach der Rückkehr des Pokals?
	• Einen Brief an eine der Figuren verfassen, um eine Meinung zum Ausdruck zu bringen	• Brief des Schülerrates an Kalle • Brief aus Kalles Sicht an Alexander
	• Titelbild als Schreibanlass nutzen	• Verfassen einer eigenen Geschichte
	• Ein thematisches Gespräch zum Buch führen	• Was bedeutet Mobbing, Freundschaft, stark oder schwach sein? • Wie wollen wir miteinander umgehen? • Was ist Fiktion und was Realität?
	• Erweiterung des Buchinhaltes durch einen veränderten Schluss	• Die Jungs finden keinen Ersatzpokal. Was passiert dann? • Alexander wird für den Diebstahl beschuldigt und nicht Kalle. Wie entwickelt sich die Geschichte dann?
• Bei der Beschäftigung mit literarischen Texten Sensibilität und Verständnis für Gedanken und Gefühle und zwischenmenschliche Beziehungen zeigen	• Handlungen, Verhaltensweisen und Verhaltensmotive der Figuren bewerten	• Warum sucht sich Kalle Alexander aus? • Warum weigert sich Alexander nicht, Kalle zu helfen? • Warum geben die Kinder das Geld zurück? Was wäre passiert, wenn sie es behalten hätten?
• Handelnd mit Texten umgehen, z. B. illustrieren, inszenieren, umgestalten, collagieren	• Eine Textstelle im Rollenspiel darstellen	• Ganzes Buch oder einzelne Abschnitte → **K.5, K.9, K.12**
	• Ein Bild oder eine Szene malen oder nachmalen	• Bilder malen zu unterschiedlichen Szenen • Arbeitsteilig: Jede:r Schüler:in übernimmt eine Szene
	• Die Geschichte umschreiben	• Alternative Fortsetzung: Sie finden keinen Ersatzpokal.
	• Standbilder prägender Szenen darstellen und erraten lassen	• Lieblingsszenen darstellen und erraten lassen → **K.12**
	• Kreative Schreibideen anbieten	• Akrostichon zum Thema Freundschaft • Tagebuch schreiben • Elfchen/Haiku zum Thema Freundschaft • Einen eigenen Comic erstellen → **K.12**
	• Die Geschichte aus einer anderen Perspektive erzählen	• Die alte Dame erzählt aus ihrer Perspektive
	• Das Buch als Stabpuppentheater gestalten	• Mithilfe von Stabpuppen die Geschichte nachspielen
	• Ein Parallel-Buch erstellen	• Aus dem gleichen Text einen eigenen Comic mit eigenen Bildern erstellen • Mit einem anderen Text einen Comic erstellen
→ Texte präsentieren		
• Selbst gewählte Texte zum Vorlesen vorbereiten und sinngestaltend vorlesen	• Eine Lieblingstextstelle auswählen und begründen	• Diese Textstelle gefällt mir besonders gut, weil … • Diese Textstelle finde ich besonders lustig, weil … → **K.13**
	• Einen gestaltenden Lesevortrag vorbereiten und üben	• Einen Dialog in verteilten Rollen lesen und vorbereiten → **K.5, K.9**
	• Die Geschichte als Theaterstück aufführen	• Mit Standbildern beginnen • Einzelne Szenen auswählen • Aufführung als Abschluss der Unterrichtseinheit bzw. des Projekts
• Die eigene Leseerfahrung einschätzen und beschreiben	• Die eigenen Lesefähigkeiten sichtbar machen	• Leseportfolio/Lesetagebuch anlegen • Reflexionsbogen → **K.13**

VORSCHLÄGE FÜR EINE UNTERRICHTSEINHEIT

Einstieg

Bilder im Buch

Zum Einstieg in die Arbeit mit dem Buch kann das Titelbild oder eine andere Illustration in die Mitte des Stuhlkreises gelegt werden. Oder aber die Schüler:innen blättern das Buch langsam durch und lassen zunächst einmal nur die Bilder auf sich wirken, ohne den Text zu lesen. Sie bekommen den Auftrag, dabei auf ihre eigenen spontanen Reaktionen zu achten. Die Kinder äußern sich dazu und antizipieren den möglichen Verlauf der Handlung. Auch Vermutungen zu den Hauptfiguren bieten sich an.

Bilder im Kopf

Für den Unterrichtseinstieg könnte die Lehrkraft die Kinder bitten, die Augen zu schließen und dem Beginn der Geschichte bis Seite 10 zu lauschen. Im Anschluss sollen sie die Szenen zeichnen. Bei einem Galerierundgang können die Bilder betrachtet und miteinander verglichen werden. Danach können die Bilder der Kinder den Bildern im Buch gegenübergestellt werden.

Rezeption des Buches

Vorlesen, mitschauen & erzählen

Den Schüler:innen werden die Bilder gezeigt und der Text zunächst nur vorgelesen. Im Anschluss könnte man gemeinsam mit den Kindern über das Verhalten der Protagonisten sprechen. Folgende Impulsfragen sind möglich:

- Warum lässt sich Alexander erpressen?
- Warum verhält sich Kalle so fies?

Im weiteren Gesprächsverlauf könnte man mit den Kindern darüber nachdenken, wie es möglich ist, dass aus Feindschaft Freundschaft geworden ist und ob sie selbst schon einmal die Erfahrung sammeln konnten, dass sie jemanden zuerst anders eingeschätzt haben, als es sich im Verlauf der Zeit dann gezeigt hat.

Rollenspiel

Die Kinder könnten die Figuren und ihre Lieblingsszenen in Form eines Rollenspiels ausagieren und unter anderem einen möglichen Fortgang der Geschichte antizipieren.

Was mach' ich?

Um den Inhalt der Erzählung zu sichern, könnte man mit den Kindern das Spiel: Was mach' ich? spielen. Ein Kind bekommt eine Karte mit einer Szene aus der Geschichte (Straßenmusik, Überfall, Hund Gassi führen, Taschen tragen, Rasen mähen) und umschreibt oder spielt die Tätigkeit vor. Ist sie erraten, bringt das Kind die Karte an der Tafel an. Wenn alle Szenen erraten sind, kann die Erzählung im Anschluss noch einmal mündlich nacherzählt werden.

Zur weiteren Arbeit mit dem Buch gibt es zahlreiche Möglichkeiten (vgl. »Methodenkiste«).

Die Kopiervorlagen (→ **k.2–k.13**) bieten eine Auswahl Aufgaben zur Vertiefung auf verschiedenen Ebenen und Schwierigkeitsstufen. Sie können entweder im Klassenverband gemeinsam bearbeitet oder im Rahmen einer Lerntheke angeboten werden. Die Schüler:innen legen dann selbst die Reihenfolge fest, in der sie die Aufgaben bearbeiten wollen, und tragen in einen Arbeitsplan oder in einen Laufzettel ein, welche sie erledigt haben. Die Unterrichtsstunden im Klassenverband können so gegliedert werden, dass vor jeder freien Arbeitsphase eine Einstimmungsphase vorangestellt wird und nach jeder Arbeitsphase eine Abschlussrunde im Sitzkreis folgt. In der Abschlussrunde können Arbeitsergebnisse präsentiert und Angebote besprochen werden.

Kunst und Comic

Das Buch bietet mehrere Bearbeitungsaspekte und die Möglichkeit, Lernziele im Bereich der »visual literacy« zu planen. Im Unterricht könnten neben den klassischen Bildmerkmalen die comictypischen Elemente wie Icons, Bildsymbole sowie Lautmalereien thematisiert und das »Lesen« dieser Elemente gemeinsam erarbeitet werden. Dazu finden sich KVs (→ **k.3, k.11**). Folgende Ziele stehen im Vordergrund:

1. Vermittlung von Wissen über Gestaltungsmittel und Wirkfaktoren des Comics und
2. Möglichkeiten, mit diesen Erfahrungen selbst Comics zu zeichnen und zu experimentieren.

Bei der Betrachtung der Illustrationen könnte folgenden Fragen nachgegangen werden:

- Welche künstlerischen Mittel des Schreibens und Zeichnens wurden eingesetzt, damit die Leser:innen Alexanders Situation und seine Sichtweise verstehen?
- Ist das gelungen und wenn ja, womit?
- Hätten sie es auch anders machen können? Erzeugen bestimmte künstlerische Mittel bei allen Leser:innen eine ähnliche Wirkung?

Infoblätter

© Claudio Di Lucia

ZUM AUTOR RÜDIGER BERTRAM

i.1

Der Autor Rüdiger Bertram wurde in Ratingen am letzten Maitag 1967 geboren. Er schreibt nun schon seit über fünfzehn Jahren lustige und ernste Bücher für Kinder und Jugendliche. Er wohnt mit seiner Frau, seiner Tochter und einer Million Bücher in Köln.

Rüdiger Bertram war schon mit 13 Jahren klar, dass er später irgendwas mit Schreiben machen würde. Während des Studiums (Geschichte / VWL / Germanistik) schrieb er Glossen für den WDR-Hörfunk und arbeitete nach dem Abschluss als freier Journalist (u.a. für die ZEIT). Nach einer Drehbuch-Ausbildung an der Internationalen Filmschule Köln schrieb er für TV-Sitcoms. Inzwischen hat er zahlreiche Kinder- und Jugendbücher veröffentlicht.

Bücher (Auswahl)

- **Mega streng verboten.** Berlin: Ueberreuter, 2023.
- **Willkommen im Hotel »Zur Grünen Wiese«.** Hörbuch. Gütersloh: cbj Verlag, 2023.
- **Bookmän: Alles Konfetti.** Hamburg: Carlsen, 2023.
- **Mega fette Beute.** Berlin: Ueberreuter, 2022.
- **Repeat! Die total verrückte Zeitschleife.** München: Karibu Verlag, 2022.
- **»Hilfe, mein Handy ist ein Superschurke!«** Hamburg: Rowohlt, 2020.
- **Plötzlich: Millionär!** (Band 1). München: Karibu Verlag, 2020.

Preise (Auswahl)

2023	Preuschhof-Preis für den besten Erstleser 2022, gemeinsam mit dem Illustrator Horst Hellmeier für den Comic »Mega fette Beute«
2023	Dachauer Dachs der Stadtbücherei Dachau für den Kinderroman »Repeat«
2022	Lesekünstler des Jahres, ausgezeichnet von der IG Leseförderung des Deutschen Börsenvereins

Internet

- www.instagram.com/ruedigerbertram/
- https://www.ruedigerbertram.com

ZUM ILLUSTRATOR HORST HELLMEIER

i.2

Horst Hellmeier ist ein österreichischer Illustrator und Comicfreund. Er illustriert Bücher aller Art – am liebsten mit einer Tasse Tee und guter Musik. Wenn er nicht gerade für ein Buchprojekt zeichnet, spaziert er gerne durch den Wald. Heute lebt er mit seiner Freundin im Grünen.

© Horst Hellmeier

Internet

https://www.instagram.com/horsthellmeier/

INTERVIEW MIT RÜDIGER BERTRAM: »ICH WILL, DASS MEINE BÜCHER SPASS MACHEN«

i.1

Rüdiger Bertram über den Spaß am Lesen, seinen idealen Partner Horst Hellmeier, nette Kerle und Durchhaltevermögen

Lieber Herr Bertram, sind Sie eher der Typ Kalle oder der Typ Alexander?

Ich bin ganz klar Team Alex.

Wurden Sie früher in der Schule geärgert? Und gab es da auch so starke »Kalles«?

Zum Glück nicht so oft. Und klar, es gab auch so starke Kalles. Ich glaube, die gibt es überall.

Wie würden Sie sich in drei Hashtags (#) beschreiben?

#schreiben #lesen #essen

Auf einer Seite habe ich das Schild »Bertrams Baguette« entdeckt. Wie viel Rüdiger Bertram steckt noch in dem Buch?

Das mit dem Baguette war die Idee von Horst, dem Illustrator. Ich war selbst überrascht, als ich seine Zeichnung gesehen habe.

Was möchten Sie Kindern mit ihrem Comicroman vermitteln?

Ich will vor allem, dass meine Bücher Spaß machen. So viel, dass man danach noch ein Buch lesen möchte. Aber natürlich geht es auch um Freundschaft. Und dass man nicht immer alles glauben soll, was man so hört. In eine Botschaft gepackt vielleicht: Haltet zusammen. Verlasst euch nicht auf euren ersten Eindruck. Gebt niemals auf.

Wie verlief der Schreibprozess? Haben Sie oft Textteile überarbeitet oder gestrichen?

Gar nicht so viel. Ich habe das Buch wie ein Drehbuch für einen Film geschrieben. Das heißt, ich habe Horst beschrieben, was zu sehen sein muss und was gesagt wird. Horst war dann Regisseur und Kameramann in einem.

Welches ist Ihre Lieblingsstelle oder -szene im Buch?

Seite 15, wenn Kalle sagt: Ich bin stärker, aber du bist klüger, und ich bin klug genug, das zu wissen. Und Alex sagt: Wow, das war klug. Und natürlich Seite 23, wenn Alex hinter Tina steht …

Welche Lieblingsfigur haben Sie?

Ganz klar die Gewichtheberin.

Wieso ist Kalle so stark, obwohl er ja früher selbst immer geärgert wurde?

Kalle ist ja eigentlich ziemlich clever und da hat er sich all diese Geschichten über sich ausgedacht, damit die anderen denken: Wow, den lassen wir lieber in Ruhe. Und das hat ja auch geklappt.

Ist es beim Schreiben vorgekommen, dass sich einer der Protagonisten ganz anders entwickelt hat, als Sie es zunächst gedacht haben?

Tatsächlich hatte ich am Anfang gar nicht geplant, dass die Geschichten, die man sich über Kalle erzählt, gar nicht wahr sind. Das ergab sich erst beim Schreiben. Auch Kalles Tierliebe kam erst später dazu. Damit wollte ich zeigen, dass er ja eigentlich doch ein ganz netter Kerl ist. Man darf sich halt nie vom ersten Eindruck täuschen lassen.

Der Schluss ist ein Happy End. Hatten Sie auch andere Versionen im Kopf, wie die Geschichte enden könnte? Wenn ja, wie?

Nein, für mich war von Anfang klar, dass die beiden am Ende Freunde werden.

Wie stellen Sie sich einen Literaturunterricht mit Ihren Büchern vor?

Keine Ahnung, aber er sollte vor allem Spaß machen. Sonst sage ich Kalle Bescheid.

Comicromane funktionieren ein wenig wie Mini-Filme. Sind sie eine Möglichkeit, auch Lesemuffel zum Lesen zu animieren?

Auf jeden Fall und es gibt ja mittlerweile noch zwei weitere Bände der »Mega«-Reihe. Ab Band 2 ist dann auch ein Mädchen dabei: Nora.

Vielen Dank, Herr Bertram!

Interview: Anja Schirmer (April 2023)

Lesezeichen

Dieses Lesezeichen kannst du beim Lesen verwenden. Besonders schön wird dein Lesezeichen, wenn du es auf Pappe klebst und bunt gestaltest.

»Mega dumm gelaufen«

1. Was gibt es auf dem Bucheinband zu entdecken? Ordne die Wortkärtchen zu.

2. Im Suchsel sind neun Wörter versteckt von Dingen, die auf dem Bucheinband und der Rückseite zu sehen und zu lesen sind.

a) Finde die Wörter und male sie mit einem Buntstift an.

b) Schreibe die Wörter in dein Heft oder Lesetagebuch.

c) Schreibe mit jedem Wort einen Satz in dein Heft und male dazu.

A	L	U	C	D	V	X	K	A	L	L	E
E	Z	B	G	U	D	F	M	T	Z	R	O
L	A	S	P	M	E	G	A	Q	R	C	U
K	L	E	M	M	E	F	T	E	X	P	H
T	U	Z	C	B	R	Q	G	O	S	O	O
C	L	R	R	U	C	K	S	A	C	K	R
Q	A	L	E	X	A	N	D	E	R	A	S
B	E	R	T	R	A	M	X	E	L	L	T

d) **Zusatzaufgabe:** Schreibe mit jedem Wort einen Satz in dein Heft oder Lesetagebuch und male dazu.

3. * **Profiaufgabe:** Der Titel und das Titelbild des Buchs verraten dir schon etwas über die Geschichte. Worum könnte es in der Geschichte gehen? Hast du eine Idee? Schreibe deine Idee in deinem Heft oder Lesetagebuch auf.

Lösung zu Aufgabe 2:
mega, dumm, Alexander, Kalle, Rucksack, Horst, Bertram, Rucksack, Pokal, Klemme

»Kalle hat gesagt …«

1. Alexander hat mächtig Respekt vor Kalle. Verbinde die passenden Satzhälften.

Einmal hat Kalle vor dem Lehrerzimmer ●	● dass Alexander nach der Schule auf ihn warten soll.
Einmal hat Kalle den Eisenring ●	● dann wartet man.
Einmal hat Kalle das Auto ●	● des Basketballkorbs mit seinen Händen verbogen.
Kalle hat gesagt, ●	● eine Fallgrube gegraben, sodass keiner mehr rauskam.
Wenn Kalle sagt, man soll warten, ●	● unseres Direktors geschrottet.

2. Was könnte Kalle noch alles angestellt haben? Schreibe vier Sätze in deinem Heft oder Lesetage-buch auf.
Schreibe so:

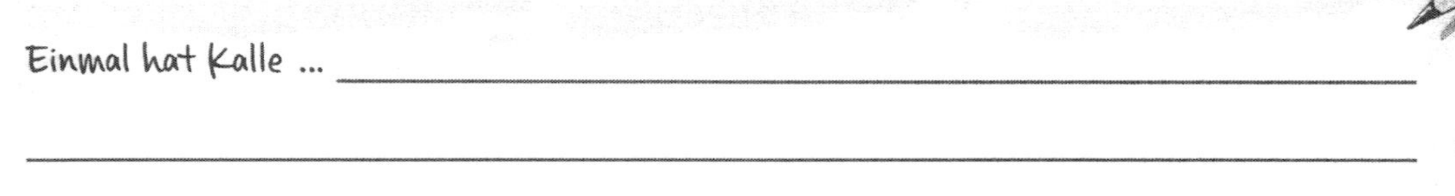

3. Alexander hat Angst vor Kalle. Was könnte er denken und fühlen? Was macht ihm Angst?

a) Tausche dich mit einem Partnerkind aus.

b) Schreibt einige Sätze in euer Heft oder Lesetagebuch.

So kannst du schreiben:
Alexander fühlt sich … • Alexander denkt, dass … • Alexander hat Angst, dass …

4. * **Profiaufgabe:** Was setzt der Zeichner ein, um Alexanders Gefühle darzustellen?

a) Schau dir jedes Bild bis Seite 11 genau an.

b) Tausche dich mit einem anderen Kind aus und schreibe auf, welche Tricks der Zeichner verwendet.

Achte auf Folgendes: Rahmen • Sprechblasen • Denkblasen • Icons • Lautmalerei • Schrift • Perspektive • Text • Linienstärke • Farbwahl

Suchst du was?

Leider passiert Kalle ein Missgeschick mit dem Schulpokal.

1. Warum braucht Kalle Alexanders Hilfe? Was ist passiert?

a) Tausche dich mit einem anderen Kind aus.

b) Erzählt es dann gemeinsam nach. Schreibt euch dazu bis zu sechs Stichworte auf.

________________ ________________

________________ ________________

________________ ________________

2. Einige Wörter sind verlorengegangen. Setze sie ein.

a) Die Schulmannschaft hat den ☐☐☐☐☐ gewonnen.

b) Seit damals ist der Pokal ☐☐☐☐☐☐.

c) Der Pokal steht vor dem ☐☐☐☐☐☐ des Direktors.

d) Einmal die Woche müssen alle Schülerinnen und Schüler vor dem Pokal auf die ☐☐☐☐ gehen.

e) Einmal im Monat darf die/der ☐☐☐☐☐ Schülerin oder Schüler aus dem Pokal die Schulmilch trinken.

f) Einmal im Jahr müssen ihn alle Schülerinnen und Schüler ☐☐☐☐☐☐.

Tipp: Die folgenden Wörter kannst du oben zuordnen: Zimmer • beste • heilig • küssen • Pokal • Knie

3. Kalle zwingt Alexander, bei der Wiederbeschaffung des Pokals zu helfen. Bist du auch schon einmal zu etwas gezwungen worden? Zu was? Wie hast du dich dabei gefühlt?

a) Tausche dich mit einem anderen Kind aus.

b) Sprecht anschließend in der ganzen Klasse darüber.

4. * **Profiaufgabe:** Zeichne einen eigenen Pokal in dein Heft oder Lesetagebuch. Es muss erkennbar sein, wofür der Pokal gewonnen wurde. Überlege dir, wo der Pokal in deiner Schule steht.

»Wie viel Geld hast du?«

1. Wer sagt was?

a) Lies die Seiten 31 bis 35 noch einmal. Verbinde die Sprechblasen mit den richtigen Figuren.

b) Lest den Dialog in der Klasse mit verteilten Rollen vor.

2. Kalle verrät Alexander nicht, dass er häufig in die Bibliothek geht, um zu lesen. Irgendwie ist ihm das unangenehm. Wieso? Was glaubst du?

a) Tausche dich mit einem anderen Kind darüber aus.

b) Schreibe deine Vermutungen in dein Heft oder Lesetagebuch.

3. Liest du gerne? Wenn ja, was liest du gerne?
Wenn nein, was machst du sonst? Schreibe es in deinem Heft oder Lesetagebuch auf.

4. * **Profiaufgabe:** Kalle findet, dass er und Alexander von nun an ein TEAM sind.
Was macht ein Team aus?

a) Tausche dich mit einem anderen Kind darüber aus.

b) Gestaltet gemeinsam eine Mindmap in eurem Heft.
Ergänze auf den Ästen Stichpunkte.

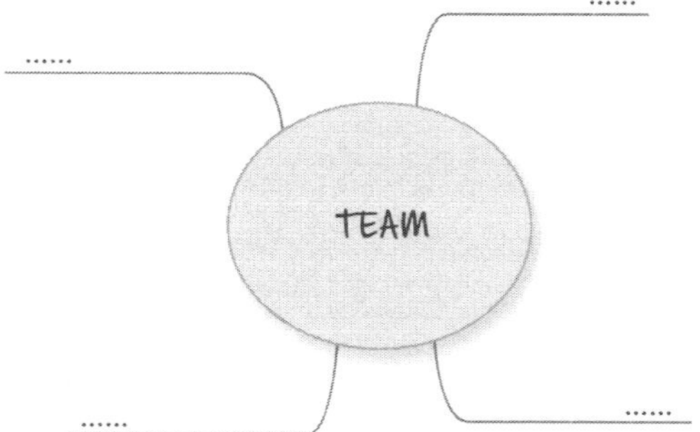

Folgende Leitfragen eignen sich:
- Was bedeutet es, ein Team zu sein? Wie fühlt sich das an?
- Was macht man als Team?
- Was sind Merkmale eines Teams?
- Was ist schwierig und was ist leicht innerhalb eines Teams?

»He, schau mal hier!«

Kalle kann scheinbar richtig nett sein.

1. Lies noch einmal die Seiten 36 bis 41. Kreuze an, was stimmt.
Schreibe das Lösungswort auf.

a) Kalle sagt: Guck mal, da oben. Die Katze braucht keine Hilfe. ☐ K
Kalle sagt: Guck mal, da oben. Die Katze braucht unsere Hilfe. ☐ F

b) Kalle sagt: Wir können den Kran auseinandernehmen, damit sie runterkommt. ☐ R
Kalle sagt: Wir können den Kran stoppen, damit sie runterkommt. ☐ A

c) Alexander sagt: Wenn du raufkletterst, um ihr einen Fallschirm zu bringen, kannst du sie auch runtertragen. ☐ E
Alexander sagt: Wenn du raufkletterst, um ihr Futter zu bringen, kannst du sie auch runtertragen. ☐ T

d) Kalle sagt: Du bist wirklich doof. ☐ Z
Kalle sagt: Du bist wirklich klug. ☐ U

e) Alexander sagt: Du kannst ja richtig klug sein. ☐ T
Alexander sagt: Du kannst ja richtig nett sein. ☐ N

f) Kalle sagt: Wehe, du erzählst das irgendwem! ☐ D
Kalle sagt: Wehe, du erzählst das deiner Mutter! ☐ E

Lösungswort: ___ ___ ___ ___ ___ ___
1 2 3 4 5 6

2. Kalle ist ein wahrer Tierfreund. Welche Eigenschaften hat er noch?

a) Lies und male die passenden Kästchen rot an.

ängstlich	glücklich	schwach	leise	laut
stolz	unsicher	selbstsicher	eingebildet	jung
klein	stark	alt	groß	ausdauernd
dünn	traurig	verlässlich	wütend	nett
rechthaberisch	fröhlich	einfühlsam	fürsorglich	chaotisch

b) Schreibe eine Figurenbeschreibung zu Kalle in dein Heft oder Lesetagebuch.
Verwende dabei passende Adjektive aus den Kästchen.

3. * **Profiaufgabe:** Jetzt geht es um Alexander.

a) Male alle Kästchen in Aufgabe 2 blau an, die Alexander gut beschreiben.

b) Schreibe eine Figurenbeschreibung zu Alexander.

Geld verdienen!

1. Alexander und Kalle wollen zu Geld kommen, um einen neuen Pokal zu kaufen. Schreibe die sieben Möglichkeiten auf, die sie sich ausdenken. Male dazu in dein Heft oder Lesetagebuch.

Tipp

Achtung: Einige Möglichkeiten stimmen nicht …
Dinoknochen verkaufen • alte Bücher verkaufen • Kiosk überfallen • für ältere Leute einkaufen gehen • Rappen • Straßenmusik • Baby sitten • 3D-Bild in der Bibliothek • als Hundesitter arbeiten • einen Marathon gewinnen

2. Womit könnte man noch Geld verdienen? Was fällt dir ein?

a) Überlege mit einem anderen Kind. Schreibe drei Möglichkeiten auf:

-
-
-

b) Vergleicht eure Notizen mit zwei weiteren Kindern. Wie viele verschiedene Ideen findet ihr?

c) Erstellt ein Klassenplakat mit allen Ideen der Klasse.

3. * **Profiaufgabe:** Schreibe das Abc von oben nach unten in dein Heft. Schreibe dann hinter jeden Buchstaben ein Wort, das zu der Erzählung passt. Du kannst auch die Wörter aus dem Buch nutzen!

A Alexander

B Bibliothek

…

Was jetzt?

Tipp: Lies auf den Seiten 79 bis 90 nach.

1. Kalle und Alexander helfen einer alten Dame beim Tragen ihrer Taschen. Falsch oder richtig? Kreuze passend an.

Aussage	falsch	richtig
In den Taschen sind schwere Gewichte.	☐ K	☐ P
Die alte Dame ist Turnerin.	☐ A	☐ O
Die alte Dame lädt die Jungs in ihren Garten ein.	☐ K	☐ T
Die Jungs mähen den Rasen der alten Dame.	☐ A	☐ Z
Alexander und Kalle dürfen sich einen Pokal aussuchen.	☐ L	☐ E
Die Pokale hat die alte Dame geschenkt bekommen.	☐ N	☐ E

Die Buchstaben ergeben ein Lösungswort: ___ ___ ___ ___ ___ ___
1 2 3 4 5 6

2. Die alte Dame ist sehr nett zu Kalle und Alexander. Sie war früher Gewichtheberin. Gestalte ein Poster, auf dem sie als Gewinnerin zu sehen ist.

3. Erstelle eine Personenbeschreibung der alten Dame.

a) Lies und male die passenden Kästchen grün an.

b) Schreibe einen Steckbrief. Schreibe dann damit eine Personenbeschreibung.

stolz	unsicher	selbstsicher	schwach	jung
klein	stark	alt	groß	ausdauernd
dünn	traurig	verlässlich	wütend	nett
rechthaberisch	fröhlich	einfühlsam	fürsorglich	chaotisch

Tipp: Zu diesen Punkten kannst du Stichwörter im Steckbrief aufschreiben: Geschlecht, (geschätztes) Alter, Aussehen, frühere Leidenschaft, Verhalten gegenüber den Jungs, besondere Eigenschaften.

4. * **Profiaufgabe:** Stell dir vor, dass die Geschichte an dieser Stelle anders ausgegangen wäre und die beiden Jungs keinen Pokal von der alten Dame bekommen hätten. Erzähle die Geschichte anders weiter. Was könnte stattdessen passiert sein? Schreibe die Geschichte verändert weiter.

Doch ganz nett

1. Wer sagt hier was?

a) Ordne zu, indem du Linien ziehst.

b) Besprich dich mit deiner Partnerin oder deinem Partner.

c) Lest den Dialog in der Klasse mit verteilten Rollen vor.

2. Bist du schon mal geärgert worden? Wenn ja, warum? Tausche dich mit einem anderen Kind darüber aus. Sprecht in der Klasse darüber.

3. Hast du auch schon mal eine Geschichte erfunden und andere angeschwindelt? Wenn ja, wie? Wenn nein, warum hast du es nicht getan? Schreibe es in deinem Heft oder Lesetagebuch auf.

4. * **Profiaufgabe:** Betrachte das Buch noch einmal mit einem anderen Kind.

a) Welche Stelle gefällt euch besonders gut, welche gar nicht?

b) Schreibe die Seitenzahl und die Szene in dein Heft. Begründe, warum du die Stelle ausgesucht hast.

Mir gefällt die Stelle/Szene/Situation gut, weil ... ______________________________

»Ehrensache für Ehrenmänner«

1. Lies die Seiten 100 bis 123 noch einmal. Beende die angefangenen Sätze, indem du die Kästchen mit den richtigen Antworten markierst.

a) Alexander und Kalle finden im Pokal …
☐ einen Vogel. ☐ Geld. ☐ Moos.

b) Kalle kratzt eine Gravur in den Pokal mit der Aufschrift:
☐ WE ARE THE CHAMPIONS. ☐ WE ARE THE LOSERS. ☐ WE ARE FRIENDS.

c) Kalle und Alex bringen den Pokal zurück …
☐ zur alten Dame. ☐ zur Schule. ☐ in den Keller.

d) Um den Rektor abzulenken, schickt Kalle …
☐ seinen Vogel vor. ☐ seine Katze vor. ☐ einen Brief.

e) Keiner der Schülerinnen und Schüler hatte gemerkt, dass der Pokal …
☐ versteckt wurde. ☐ verschwunden ist. ☐ angemalt wurde.

f) Die Gewichtheberin besuchen Kalle und Alexander jetzt jeden …
☐ Dienstag und Mittwoch. ☐ Dienstag und Freitag. ☐ Dienstag und Donnerstag.

g) Alex und Kalle helfen weiterhin Tieren …
☐ im Zoo. ☐ zu Hause. ☐ in Not.

h) Am Ende der Geschichte sind Alex und Kalle …
☐ Feinde. ☐ Freunde. ☐ wieder verfeindet.

2. Kalle kratzt eine Gravur in den Pokal. Was hätte er noch auf den Pokal gravieren können? Schreibe es in die Kästen.

3. * **Profiaufgabe:** Stell dir vor, dass die Geschichte anders ausgegangen wäre. Schreibe einen anderen Schluss. Was könnte stattdessen passiert sein?

»Wirst du gleich sehen!«

1. Finde das Bild, zu dem die Beschreibung passt. Schreibe in der Tabelle auf, auf welcher Seite du es gefunden hast.

Auf dem Bild sieht man ...	Seite
... ein Eis mit 25 Kugeln!	
... einen Knopf und 2,50 €.	
... ein Bild von Frau Müller-Liebelein.	
... einen Hubschrauber.	
... einen Hund, eine Katze und einen Vogel, die gemeinsam Karten spielen.	
... zwei Krähen.	
... eine Schaufel und ein Loch.	

2. Denke dir weitere Rätsel wie in Aufgabe 1 aus. Schreibe sie in dein Heft oder Lesetagebuch. Tauscht sie in der Klasse aus.

3. In dem Buch findet man einige Lautmalereien (Onomatopoesie) in verschiedenen Schriften und Größen, z. B. KRACH oder AUTSCH auf Seite 69.

Suche vier weitere Lautmalereien und schreibe in der Tabelle auf, was sie ausdrücken.

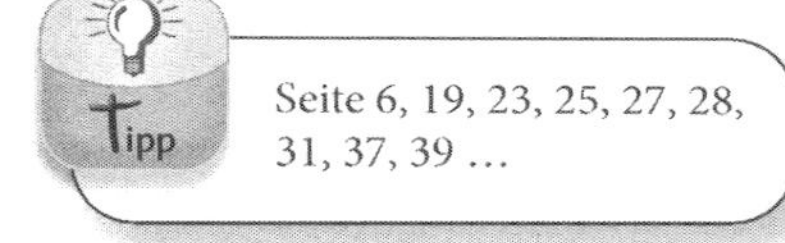

Seite: Lautmalerei	Das wird ausgedrückt
S. 69: Kawumms, Autsch, Krach	Hier drücken die Wörter die Bewegung und den Aufprall auf den Boden aus.

4. * **Profiaufgabe:** In dem Buch sind verschiedene Figuren zu finden, die immer wieder auftauchen. Schreibe die wichtigsten Figuren in deinem Heft oder Lesetagebuch auf und male sie.

Einen Comic gestalten oder eine Szene spielen

1.

Zeichne nun selbst einen Comic.
Um einen Comic zu zeichnen, musst du bestimmte Dinge beachten:

a) Entscheide dich, ob du deinen Comic alleine oder mit einem Partnerkind herstellen möchtest.

b) Denke dir eine kurze Geschichte aus, die du als Comic umsetzen möchtest (z.B. dein erster Schultag, ein Tag in den Ferien, mein Wochenende etc.).

c) Überlege, wie viele Bilder du brauchst, und lege ein Storyboard an. Ein Storyboard ist eine Tabelle, in der du zu den einzelnen Bildern Notizen schreibst. Hier kannst du auch schon Ideen für Sprech- und Gedankenblasen ergänzen.

d) Die Bilder zeichnest du am besten auf ein DIN-A6-Blatt. Wenn es nötig ist, kannst du die einzelnen Bildseiten am Ende noch verkleinern.

e) Die Bilder klebst du in der richtigen Reihenfolge auf ein Plakat. Verkleinert kann man daraus dann ein Heft machen.

f) Präsentiere deinen Comic den anderen Kindern in der Klasse. Besprecht, was besonders gut gelungen ist.

Tipp

So wird dein Comic abwechslungsreicher und künstlerisch ansprechender:
a) Nutze verschiedene Einstellungsgrößen: extrem groß (close-up) und im Detail (extreme close-up), nah (close shot) und weit (extreme long shot).
b) Nutze verschiedene Einstellungsperspektiven: Untersicht (Froschperspektive), Normalsicht, Aufsicht (Vogelperspektive).
c) Nutze Bildmittel, Bausteine der Comicsprache (»KLIRR«, »PENG«, »SCHLUCHZ«).
d) Nutze verschiedene Formate: Quer- und Hochformat, rund.

2.

Stellt in Gruppen eine Szene aus dem Buch dar.

a) Schaut euch die Szene im Buch mit eurer Klasse noch einmal gemeinsam an und lest den Text durch, am besten gleich mit verteilten Rollen.

b) Besprecht danach, was in der Szene, die ihr spielt, inhaltlich passiert und welche Gedanken und Gefühle die Personen, die mitspielen, haben.

c) Welche Personen müssen bei eurem Rollenspiel dabei sein? Bestimmt eine Regisseurin oder einen Regisseur. Sie oder er kann beim Sprechen der Dialoge helfen.

d) Verteilt die Rollen in eurer Klasse und übt das Rollenspiel. Sprecht frei, betont und ausdrucksstark.

e) Tragt das Rollenspiel dann eurer Klasse vor. Vergleicht die Darbietungen. Was ist jeder Gruppe besonders gut gelungen?

3.

Stellt euch gegenseitig Rätsel zum Inhalt und zu den Figuren des Buchs.

a) Ein Kind beschreibt eine Figur oder eine Szene.

b) Die Klasse muss sie finden und erraten.

Feedback-Bogen

Du kennst das Buch »Mega dumm gelaufen« nun sehr genau. Jetzt sollst du deine Meinung zum Roman darstellen.

1. Welche Figur aus dem Roman fandest du sympathisch? Welche nicht so? Trage Zahlen ein. Die 1 bekommt die Figur, die du am sympathischsten, und die 6 bekommt dann die Figur, die du am unsympathischsten fandest.

☐ Kalle ☐ Alexander ☐ Rektor

☐ Oma ☐ Bibliothekarin ☐ Katze

2. Welche Szene fandest du lustig? ______________________________

____

3. Gibt es etwas, was dir am Buch nicht so gut gefallen hat? ______________________________

____

4. Jetzt ist dein Urteil gefragt! Kreuze an.

		stimmt	geht so	stimmt nicht
a)	Die Geschichte finde ich witzig.	○	○	○
b)	Ich kann verstehen, dass Kalle so ein fieser Kerl sein kann.	○	○	○
c)	Ich habe gehofft, dass die Geschichte ein anderes Ende nimmt.	○	○	○
d)	Ich möchte einmal etwas mit Alexander machen.	○	○	○
e)	Ich möchte einmal etwas mit Kalle machen.	○	○	○
f)	Mir gefällt, dass die Geschichte gut ausgeht.	○	○	○

5. Wie fandest du das Buch insgesamt?

☐ sehr gut ☐ gut ☐ geht so ☐ nicht so gut ☐ schlecht

Begründe deine Antwort: ______________________________

____

Lösungen und Lösungsvorschläge

2.

				D			K	A	L	L	E
				U							
				M	E	G	A				
K	L	E	M	M	E					P	H
										O	O
			R	U	C	K	S	A	C	K	R
	A	L	E	X	A	N	D	E	R	A	S
B	E	R	T	R	A	M				L	T

1.
- Einmal hat Kalle vor dem Lehrerzimmer eine Fallgrube gegraben, sodass keiner mehr rauskam.
- Einmal hat Kalle den Eisenring des Basketballkorbs mit seinen Händen verbogen.
- Einmal hat Kalle das Auto unseres Direktors geschrottet.
- Kalle hat gesagt, dass Alexander nach der Schule auf ihn warten soll.
- Wenn Kalle sagt, man soll warten, dann wartet man.

2. Lösungswörter: Pokal, heilig, Zimmer, Knie, beste, küssen

1. **Alexander:** Zwei Euro. – Wir brauchen einen 3D-Drucker! – In der Bücherei steht einer, den kann jeder benutzen. – Woher weißt du das? – Wir sind kein Team.
Kalle: Wie viel Geld hast du? – Ich habe nur einen. – Wo sollen wir den herkriegen? – Dann schnell. – Die Bücherei macht gleich zu. – Nur geraten. – Wir sind ein Super-Team. – Jetzt schon.

1. Lösungswort: FREUND

2. Hier sind viele weitere oder andere Adjektive anzumalen. Es kommt darauf an, wie das Kind die Figur für sich beurteilt und wahrnimmt.

ängstlich	glücklich	schwach	leise	**laut**
stolz	unsicher	selbstsicher	**eingebildet**	jung
klein	**stark**	alt	groß	**ausdauernd**
dünn	traurig	verlässlich	wütend	**nett**
rechthaberisch	**fröhlich**	einfühlsam	fürsorglich	**chaotisch**

1. Lösungswort: KATZEN

3. Hier sind viele weitere oder andere Adjektive anzumalen. Es kommt darauf an, wie das Kind die Figur für sich beurteilt und wahrnimmt.

stolz	unsicher	selbstsicher	schwach	jung
klein	**stark**	**alt**	groß	ausdauernd
dünn	traurig	verlässlich	wütend	**nett**
rechthaberisch	**fröhlich**	einfühlsam	**fürsorglich**	**chaotisch**

1. **Alexander:** Sag mal, stimmt das überhaupt? – Was man sich so über dich erzählt. – Warum? – Doch, kann ich. – Du bist überhaupt nicht fies. – Du bist wirklich nett.
Kalle: Was? – Quatsch, das habe ich doch nur erfunden. – Weil man mich früher auch immer geärgert hat. – Ganz schlimm war das. – Das kannst du dir gar nicht vorstellen. – Da habe ich mir all diese Geschichten ausgedacht, seitdem ärgert mich keiner mehr. – Lass den armen Vogel in Ruhe, Mieze! – Stimmt, aber das darfst du keinem verraten!

1. **Lösungen:** a) Geld, b) WE ARE THE CHAMPIONS., c) zur Schule., d) seine Katze vor., e) verschwunden ist., f) Dienstag und Freitag., g) in Not., h) Freunde.

1.
- Auf dem Bild sieht man ein Eis mit 25 Kugeln! → Seite 103
- Auf dem Bild sieht man einen Knopf und 2,50 €. → Seite 54
- Auf dem Bild sieht man ein Bild von Frau Müller-Liebelein. → Seite 50
- Auf dem Bild sieht man einen Hubschrauber. → Seite 38
- Auf dem Bild sieht man einen Hund, eine Katze und einen Vogel, die gemeinsam Karten spielen. → Seite 26
- Auf dem Bild sieht man zwei Krähen. → Seite 19
- Auf dem Bild sieht man eine Schaufel und ein Loch. → Seite 9